대한민국
만세

글 | 한승일

인터넷 신문에 유럽 여행기 연재를 시작한 뒤 지금까지 글을 쓰고 있습니다.
여러 잡지에 글을 썼으며 인터넷진흥원 공모전에 동화가 당선됐습니다.
글을 쓰고 사진을 찍으며 좋은 어린이 책을 만들려고 노력하고 있습니다.

대한민국 만세

3·1운동부터 광복까지 대한민국 독립운동

초판 1쇄 인쇄 2019년 2월 25일 | **초판 1쇄 발행** 2019년 2월 28일

글쓴이 한승일 | **그린이** 신해민

펴낸이 김민영

펴낸곳 기린미디어 | **등록** 2016년 4월 26일 제2016-000009호

주소 경기도 김포시 모담공원로 17, 803동 1004호

팩스 0505-300-2381 | **전자우편** hsw2381@naver.com

ISBN 979-11-962625-2-5 73910

ⓒ기린미디어 2019

이 도서의 국립중앙도서관 출판예정도서목록(CIP)은 서지정보유통지원시스템 홈페이지(http://seoji.nl.go.kr)와
국가자료종합목록시스템(http://www.nl.go.kr/kolisnet)에서 이용하실 수 있습니다.
(CIP제어번호 : CIP2019005192)

*책값은 뒤표지에 표시되어 있습니다.
*파본이나 잘못된 책은 구입하신 곳에서 바꿔드립니다.

품명 아동 도서   **사용연령** 8세 이상
제조국 대한민국   **제조년월** 2019년 2월 25일
제조자명 기린미디어   **연락처** 02-364-0844
주소 경기도 김포시 모담공원로 17, 803동 1004호
주의사항 종이에 베이거나 긁히지 않도록 조심하세요.
책 모서리가 날카로우니 던지거나 떨어뜨리지 마세요.
KC마크는 이 제품이 공통안전기준에 적합하였음을 의미합니다.

대한민국 만세

글 한승일 | 그림 신해민

기린미디어

모두가 기억해야 할 삼일절

2019년은 3·1운동이 일어난 지 100년이 되는 해입니다.

3·1운동은 일제가 우리 땅을 무단으로 짐령하고 통치했던 슬픈 역사 속에서 피어난 아름다운 혁명이었지요. 모든 민중이 하나로 뭉쳐 만세를 외친 3·1운동은 우연히 벌어진 일이 아니었어요. 3·1운동 이전에도 사람들 가슴 속에는 독립에 대한 열망이 들끓었고 그런 열망이 모여 만든 것이 3·1운동이었어요.

3·1운동 이후 우리나라 사람들이 벌인 모든 독립운동에는 3·1운동의 정신이 깃들어 있었어요. 독립을 바라는 모두의 마음이 하나로 뭉쳐 일어났던 운동이고 전 세계에서 찾아보기 힘든 민중들의 자발적인 움직임이었지요.

3·1운동은 우리나라를 대표하는 민족대표들과 모든 민중이 함께한 독립운동이었어요. 신분의 차이도, 성별도 관계없이 모두가 함께 모여 만세를 외쳤어요. 서울에서 시작한 만세 운동은 전국으로 퍼져나갔고, 무려 2달 넘게 만세를 외쳤지요.

더 놀라운 건 전국에서 열린 만세 운동이 모두 질서 있게 진행된 비폭력 저항 운동이라는 점이었어요. 외국의 신문들도 3·1운동을 알리면서 비폭력 평화 시위라는 걸 강조했지요. 또 3·1운동을 본 많은 식민지 국가들이 부러워하면 비슷한 민족 독립운동을 일으켰어요.

3·1운동은 지금 우리가 살고 있는 대한민국을 만든 독립운동이에요. 일제의 억압 속에서도 민족을 지키려고 노력한 분들의 값진 희생과 3·1운동의 정신을 이어받은 독립운동 덕분에 지금의 대한민국이 있는 것이지요. 여러 독립운동을 살펴보며 독립운동가분들의 노력을 알아보세요.

차례

③ 민족 말살의 시대

1910년   **1910년 ~ 1919년**   1920년

 무단 통치의 시대

대한제국을 강제 합병한 일제는 대한제국을 마음대로 통치하기 시작했어요.
대한제국의 모든 권리를 빼앗고 마음대로 우리나라를 약탈했지요.
이런 일제의 잔혹한 통치 속에서 독립운동이 싹트기 시작합니다.

1930년 1940년

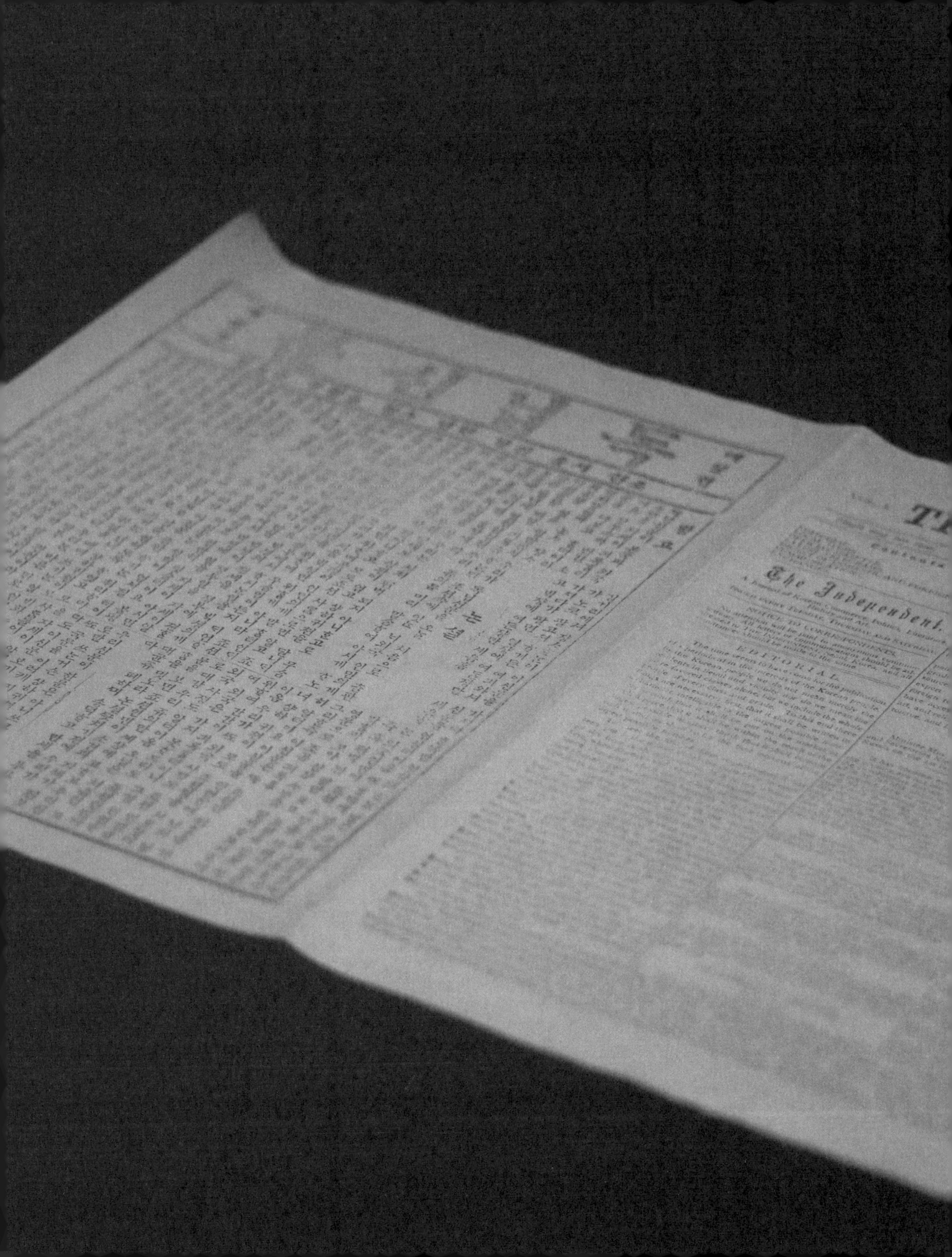
The Independent
NOTICE TO CORRESPONDENTS.
EDITORIAL

조선을 알리는 목소리 독립신문

처음 생긴 우리 신문

1876년. 건국된 지 500년 가까이 된 조선은 점점 힘을 잃어가고 있었어요. 동양에서 가장 빠르게 서양 문물을 받아들인 일본 제국과 식민지를 넓히려는 서양 세력들 사이에서 아슬아슬하게 국가를 지탱하고 있을 뿐이었죠. 조선을 탐내는 여러 나라 가운데 가장 먼저 손길을 뻗은 건 일본 제국이었어요. 강화도조약과 청일전쟁을 거치며 일본 제국은 조선에서 영향력을 키웠고 조선은 겨우 나라 이름을 지키고 있을 뿐이었어요. 독립신문이 처음 나온 건 일제의 간섭이 심해지던 1896년이었어요. 조선의 왕이었던 고종이 나라 이름을 조선에서 대한제국으로 바꾸기 1년 전이었지요.

조선의 역사가 끝나갈 무렵 나라의 살림은 청나라와 일본 제국 사신의 입맛대로 결정되고 있었어요. 이런 나라 현실에 실망한 유길준, 서재필 같은 사람들이 외세로부터 독립하자는 뜻으로 신문을 만들기로 했어요.

독립신문을 만든 서재필 선생님과 동료들

그렇게 해서 나온 것이 우리나라 최초의 민간 신문인 독립신문이에요.

처음 나온 독립신문은 나라 안의 여러 소식과 함께 서양 문물과 지식을 전달하는 역할을 했어요. 신문을 만든 서재필은 신문의 중요성을 잘 알고 있었지요. 나라 안의 소식과 새로운 지식을 민중에게 알리려면 신문이 꼭 필요하다고 생각했어요.

짧지만 희망을 전한 신문

하지만 독립신문의 생명은 길지 않았어요. 독립신문을 지원하던 독립협회가 1899년에 해체되었고 그 이후 일본의 입맛대로 운영되던 정부가 신문사를 인수한 뒤 폐간시킨 탓이었어요.

　비록, 짧은 기간 동안 발행한 신문이었지만 독립신문은 우리에게 새로운 세상을 알려준 신문이었어요. 우리나라를 둘러싼 이웃 나라들의 상황과 나라가 처한 위험을 알리기도 했고, 나라의 주인이 민중이라고 하는 국민주권과 민주주의를 알려주기도 했어요. 또 우리나라가 발전하기 위해선 모두가 교육을 받아야 한다고 주장했지요. 또 이런 내용을 한글로 써서 모두가 쉽게 읽을 수 있게 했어요. 나라는 힘을 잃어가고 있었지만, 민중들 사이에서는 독립운동의 싹이 자라고 있었지요.

　짧은 역사를 남기고 사라졌던 독립신문은 3·1 운동 이후 다시 태어났어요. 대한민국 임시정부와 우리나라의 독립운동을 알리는 창구가 되어 다시 우리 민족에게 희망을 전했답니다.

너도 나도 힘을 모은 의병 활동

태백산 호랑이 신돌석

서양문물을 받아들여 빠르게 발전한 일제는 우리나라를 식민지로 만들려고 호시탐탐 기회를 엿보고 있었어요. 그때 양반들의 부정부패에 화난 농민들이 동학농민운동을 일으키자 일제는 일본인 보호를 핑계로 우리나라에 군대를 보냈지요. 그리고 그 군대로 우리나라에 강한 영향력을 행사하던 청나라의 군대를 몰아내기 시작했지요.

청나라 군대를 몰아낸 일제는 우리나라를 강제 통치하려는 계획에 방해가 되는 명성황후를 시해하는 만행까지 저질렀어요. 일제의 이런 만행에 모두가 크게 분노하고 슬퍼한 것은 당연한 거였죠.

명성황후 시해 사건으로 많은 사람이 분노하며 일제에 대항하기 시작했어요. 그 가운데에는 일제를 겁에 질리게 해 태백산 호랑이라고 불린 사람이 있었어요. 본명은 신태호, 하지만 어릴 적 이름인 돌석으로 잘 알려진 신돌석 장군이에요.

　1905년. 일제가 우리나라의 외교권을 빼앗은 을사늑약을 맺자 신돌석 장군은 동생과 함께 의병을 모집해 일어났어요. 무기도, 인원도 적었지만 싸움마다 이기는 신돌석 장군은 일제에 큰 공포였지요. 반대로 신돌석이라는 이름은 우리나라 사람들에게 희망으로 다가왔어요. 신돌석이라는 이름이 알려지면서 의병에 지원하는 사람들은 점점 더 늘어났고, 이렇게 모인 의병들은 더 용감하게 항일투쟁을 이어갈 수 있었어요.

아쉬운 죽음

　신돌석 장군뿐만 아니라 전국 방방곡곡에서 많은 의병부대가 항일투쟁을 이어가고 있었어요. 주로 자신들이 사는 지역에서 항일 의병 활동 펼쳤지만, 때로는 인근 지역의 의병부대와 함께 힘을 모아 투쟁하기도 했지요.

　그러던 중 전국의 의병들이 함께 서울을 공격하기로 계획을 세웠어요. 이인영이라는 의병장을 중심으로 전국 각지에서 의병들이 모여들었고 신돌석 장군의 의병부대도 당연히 참여하려 했지요. 하지만 신돌석 장군의 의병부대는 어이없는 이유로 계획에서 빠지게 됐어요. 신분제도에 젖어있던 양반 출신 의병장들이 평민 출신인 신돌석, 홍범도 같은 뛰어난 의병 대장들을 인정하지 않았던 것이죠.

　계획에서 제외된 신돌석 장군의 의병부대는 다시 경상도 지역으로 돌아와 흔들리지 않고 항일투쟁을 이어갔어요. 돌아온 이후에도 많은 승리를 거두면 활약했지만 1908년 겨울, 가장 믿었던 부하에게 배신당하

의병을 이끌던 홍범도 장군 모습

며 아쉬운 죽임을 당하고 말았어요. 신돌석 장군에게 걸려있는 현상금에 눈이 멀어 배신했던 거예요. 뜨거운 애국심과 뛰어난 전략으로 일제에 대항한 신돌석 장군의 항일투쟁이 신분제도와 동료의 배신으로 가로막힌 것은 너무나 안타까운 일이었어요. 하지만 자유를 위해 싸웠던 신돌석 장군의 의지는 어떤 높은 신분과도 바꿀 수 없는 고귀한 발걸음이었어요.

나라의 빚부터 갚자! 국채보상운동

경제 침략에 맞선 민중의 움직임

1905년 대한제국은 일제와 을사늑약을 맺으면서 사실상 일제의 식민지가 되었어요. 을사늑약은 대한제국의 외교권을 일제가 갖는다는 약속이었어요. 외교권이 없다는 것은 다른 나라가 볼 때 대한제국이라는 나라는 없는 것이나 마찬가지란 소리였지요.

대한제국의 외교권을 빼앗은 일제는 경제로 눈길을 돌렸어요. 일본 제국은 대한제국의 경제권도 빼앗으려는 계획을 세우기 시작했지요. 그 가운데 하나가 돈을 빌려준 다음, 갚을 능력이 없던 대한제국에 빚 대신 경제권을 하나하나 빼앗아가는 방법이었어요. 돈이 없었던 대한제국은 아무것도 할 수 없었어요. 돈이 없으니 도로를 놓을 수도 없었고 군대를 유지할 수도 없었어요. 빚더미에 앉아 경제 능력을 빼앗긴 나라는 절망만 가득해 보였어요.

나라를 빼앗긴 민중은 나라를 되찾기 위해 빚부터 갚아야 한다고 생

국채보상운동 기념공원

각했어요. 1907년 대구에서 김광제, 서상돈, 윤필오 같은 사람들이 모여 민중의 힘으로 일단 국채를 갚자는 운동을 시작했지요. 아주 적은 돈이라 할지라도 많은 사람이 조금씩 모으면 큰돈이 된다는 말은 사람들의 애국심을 자극했어요. 누가 시킨 것도 아닌데 전국에서 국채보상운동에 참여하려는 사람들이 이어졌지요.

모두가 함께한 1년

수많은 사람이 돈을 모아 나라의 빚을 갚자고 나선 것은 일제가 보기에는 못마땅한 일이었어요. 자신들의 계획이 틀어졌다고 생각한 일제는 '국채보상운동'이 실패하기를 바랐지요. 그래서 일제는 거짓말로 사람들을 속이기 시작했어요. 모은 돈을 누군가 빼돌려 훔치고 있다는 소문을 내기 시작한 거예요. 또 모아진 돈을 관리하던 '국채보상지원금총합소'에 꼬투리를 잡아 모아진 돈을 쓰기 어렵게 만들었어요.

이런 일제의 방해로 국채보상운동은 1년 정도 지나자 그 힘을 잃고 말았어요. 더 돈을 모을 수도 없었고, 처음 세운 뜻대로 돈을 쓰기도 힘들었지요. 결과만 보면 국채보상운동은 실패한 것처럼 보이지만 완전한 실패는 아니었어요. 자발적으로 나라를 구하자고 나선 민중의 힘을 확인할 수 있었고, 그로 인해 많은 독립 단체가 생길 수 있었어요. 또 1920년에 들어서 물산장려운동같이 우리 힘으로 바로 서야 한다는 의지가 생긴 계기가 되기도 했어요.

국채보상운동은 전 세계에 자랑할만한 시민운동이에요. 민중이 자발적으로 운동을 만들었고, 남녀노소를 구분하지 않고 참여한 보기 힘든 시민운동이었어요. 이런 이유로 국채보상운동을 기록한 물건들은 2017년에 유네스코에서 선정한 '세계기록유산'으로 지정되었답니다.

우리의 외침 기미독립선언서

우리의 운명은 우리가 결정한다

우리나라를 조금씩 흡수해가던 일제는 1910년 한일병합이라는 수치스러운 조약을 강제로 맺었어요. '한일병합조약'은 대한제국이 일제의 식민지가 되었다고 공식적으로 선언하는 조약이에요. 우리나라 사람들은 경술년에 나라가 창피를 당했다고 해서 '경술국치'라고 불렀어요. 이런 부끄러운 합병에 반대하며 나라를 구하려는 사람들도 많았지만, 일제의 감시 때문에 조심스럽게 기회를 엿볼 수밖에 없었어요.

그러던 가운데 우리나라처럼 어쩔 수 없이 다른 나라의 통치를 받게 된 나라들에 희망과 용기를 주는 사건이 생겼어요. 1919년 1차 세계대전이 끝난 뒤 열린 회의에서 미국 윌슨 대통령이 평화원칙을 발표한 것이었어요.

회의에서 '각 민족은 다른 민족이나 국가에 간섭받지 않고 정치적인 운명을 결정할 권리가 있다.'라고 한 말은 우리나라처럼 원하지 않는 지배를 받고 있던 나라들이 당당히 독립을 주장할 수 있는 밑거름이 된 말이었어요.

이 말에 힘을 얻은 사람들은 존경과 신뢰를 받는 인물을 뽑아 민족대표로 세우기로 했지만 쉽게 대표를 정할 수가 없었어요. 서로 다른 사람들이 각자의 생각에 따라 독립운동을 하고 있었기 때문이었어요.

세계 여러 나라에 우리나라의 독립을 요청하는 '독립청원서', 대한제국의 국가 권리를 돌려달라고 요구하는 '국권반환 요구서', 일제와 상관없이 우리나라는 독립된 국가라고 선언하는 '독립선언서' 등 여러 방법을 고민했지만 쉽게 의견을 모을 수 없었어요.

그런데 갑자기 고종 황제가 돌아가셨다는 소식이 전해졌어요. 고종 황제의 죽음에 일제가 독약을 사용해 살해했다는 소문이 퍼지면서 우리 민중들의 원망과 분노는 점점 커졌어요.

단호하고 평화로운 독립선언서

이 사건을 계기로 제각각 독립운동을 하던 단체들은 조금씩 양보하기 시작했어요. 나라의 권리를 빼앗기고 황제까지 잃었다는 억울함을 가슴에 묻고, 다시는 이런 비극적인 역사가 반복되지 않게 하겠다고 다짐했어요.

독립선언서에는 독립이 우리의 정당한 요구라는 점과 독립은 우리 민족 모두가 원하는 일이라는 것, 그리고 이런 요구를 질서 있고 당당하게

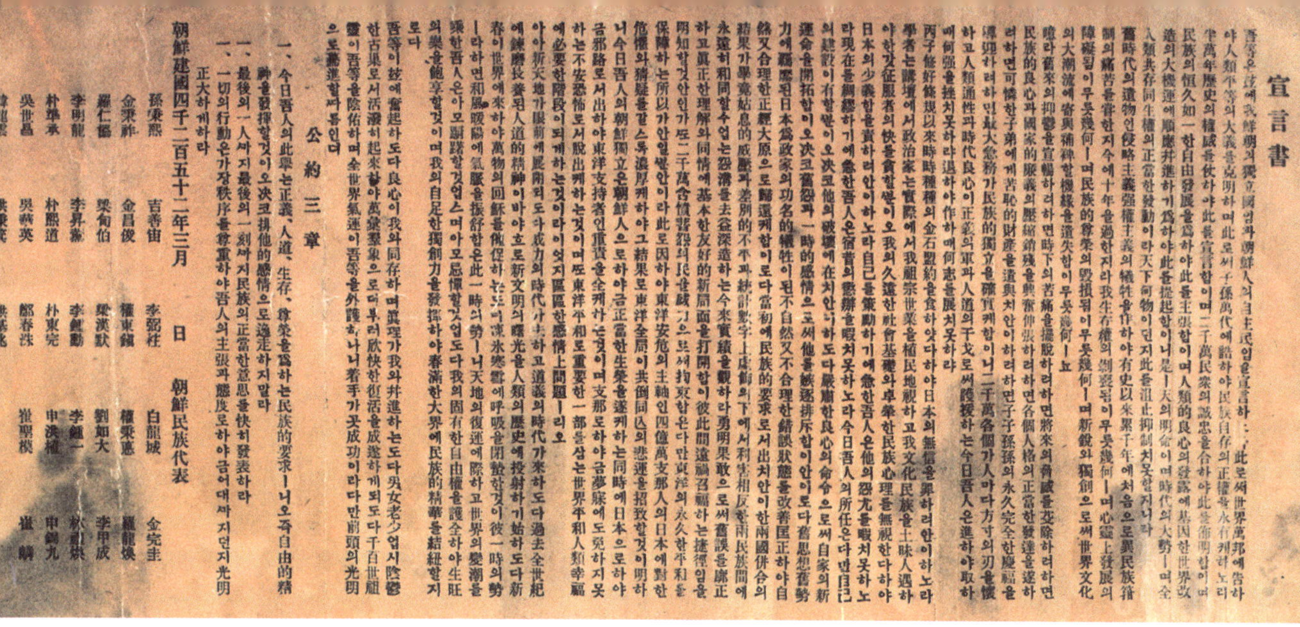

기미독립선언서

주장한다는 내용이 담겨 있었어요. 이렇게 작성된 독립선언서는 33인의 민족대표가 서명해 3월 1일 전국에 알렸어요.

독립선언서는 3·1운동이 일어난 1919년(기미년)에 작성되었기 때문에 3·1 독립선언서 또는 기미독립선언서라고도 불리고 있어요. 독립선언서는 독립투사들이 나아가야 할 방향을 알려주고 어려운 상황에서도 독립운동을 포기하지 않게 힘이 되어 주었습니다.

1910년
1920년
1920년 ~ 1930년

문화 통치의 시대

3·1운동으로 우리 겨레는 하나로 뭉칠 수 있다는 가능성을 깨닫게 됩니다.
그 결과 수많은 독립운동 단체가 생겨나 활발히 활동하게 되지요.
일제 역시 3·1운동을 본 뒤 힘만으로는 우리나라를 통치할 수 없다는 것을
깨닫고 통치 방식을 바꾸지만, 이는 더 야비한 차별 정책으로 이어졌어요.

1930년　　　　　　　　　　　　　　1940년

유관순 열사의 노력과 3·1운동

전국에 퍼진 만세 소리

1919년 3월 1일. 하늘은 맑고 화창했어요. 아직 겨울의 기운이 남았는지, 새벽에 내린 서리가 쌀쌀한 봄날이었지요. 이른 봄 정오를 넘기자 광화문에 사람들이 모여들기 시작했어요. 어린아이와 노인, 학생과 상인, 주부와 노동자처럼 서로 공통점을 찾기 힘든 사람들이 삼삼오오 모여들었지요. 모여든 사람들의 얼굴엔 긴장과 기대가 섞여 있었어요.

오후 2시가 되자 모여든 사람들은 약속이나 한 것처럼 한목소리로 '대한 독립 만세'를 외치기 시작했어요. 태극기를 손에 쥔 사람들은 깃발을 흔들었고, 태극기를 준비하지 못한 사람은 모자와 천을 흔들며 만세를 외쳤어요. 땅이 울릴 만큼 커다란 함성이 광화문을 뒤덮는 사이, 같은 시간 탑골공원에선 독립선언문이 발표되었어요. 우리 민족을 대표하는 33명이 함께 선언한 내용은 대한제국은 독립된 국가이며 우리는 자주민이라는 것을 온 세계에 알리는 내용이었지요.

우리나라를 무단통치하고 있던 일본 제국의 경찰은 이런 민중의 움직임에 크게 당황했어요. 이렇게 많은 사람이 어떻게 한곳에 모일 수 있었는지 경찰은 알 수 없었어요. 인터넷이나 휴대전화 같은 것들이 없었기에 이렇게 많은 사람이 같은 시간에 모여 함께 독립을 외친다는 건 기적과 같은 일이었지요. 더 놀라운 일은 이런 만세 운동이 광화문에서만 일어난 게 아니었어요. 서울과 평양, 진남포, 안주, 의주, 선천, 원산에서도 '대한 독립 만세'라는 외침이 울렸어요. 백두산부터 한라산까지 독립을 원하는 모두의 목소리가 터져 나왔던 거예요.

이것이 우리나라에서 가장 큰 규모의 독립운동이었던 3·1운동이에요.

아우내 장터와 유관순 열사

서울에서 열린 만세운동을 보고 유관순 열사는 크게 감동했어요. 그리고 자신의 고향에서도 이런 만세 운동을 벌이기로 마음먹었지요. 일제의 눈을 피해 태극기를 만들고 사람들을 모았어요. 그리고 4월 1일, 사람들이 가장 많이 모이는 아우내 장터에서 만세 운동을 일으켰지요. 유관순 열사는 시위의 가장 앞에 서서 대한 독립 만세를 외쳤어요.

유관순 열사가 아우내 장터에서 만세를 외친 것처럼 전국에서 독립을 바라는 외침이 끊이지 않았어요. 이런 만세 운동은 우연히 일어난 운동이 아니었어요. 독립을 간절히 바라는 사람들의 노력이 있었기 때문에 가능했지요.

유관순 열사

　3·1운동 이후의 독립운동은 모두 3·1운동의 정신이 깃들어 있어요. 3·1운동이 우리 민족의 간절한 소망을 담은 독립운동이었기 때문이지요.

　3·1운동은 국가의 기본 질서를 정리한 우리나라 헌법에도 적혀있어요. 대한민국은 3·1운동으로 건립된 대한민국 임시정부의 법통을 계승한다고 말이죠. 지금 우리가 살고 있는 대한민국은 3·1운동에서 시작했다는 이야기에요.

위대한 승리 청산리 대첩

조끔씩 모아 만든 힘

우리나라가 일제에 강제로 합병되자 수많은 독립운동이 일어났어요. 꾸준히 독립을 바라는 움직임이 일어났었지만, 민족 모두가 하나로 뭉친 건 3·1운동이 처음이었어요. 3·1운동을 계기로 조직적인 독립운동이 시작되었지요.

3·1운동은 독립에 대한 절실함을 깨닫게 해준 것과 동시에 독립된 국가를 이루기 위해 필요한 것들에 대해 고민하게 만든 사건이기도 했어요. 민족의 교육 확대와 경제 성장 운동, 외교와 독립운동 지휘를 위한 임시정부 수립 같은 일들이 모두 3·1운동 영향으로 일어났지요.

어려움을 겪고 있던 무장 투쟁도 마찬가지였어요. 독립투쟁을 꾸준히 이끌어 가려면 체계적인 군대가 필요하다는 생각을 하게 됐지요.

일제의 감시로 국내에서 군대를 만드는 것은 어렵다고 생각한 사람들은 중국 간도 지방을 중심으로 독립군을 키우기 시작했어요. 의병 출신

김좌진 장군과 북로 군정서군

인 홍범도 장군이 이끄는 대한독립군과 김좌진 장군이 이끄는 북로 군정서군 역시 이런 바탕에서 탄생하게 되었지요.

모두의 희망이 된 승리

무기를 사 모으고 청년들을 모집해 훈련시키면서 독립군은 군대의 규모를 조금씩 키우고 있었어요. 일제는 중국 땅에서 점점 덩치가 커지는 독립군이 못마땅했지요. 독립군이 점점 더 커지면 자신들에게 큰 위협이 되리라 생각했어요.

일제는 아직 독립군이 틀을 잡지 못한 지금이 기회라고 생각했어요. 그리고 곧 군대를 모아 간도로 침략해 왔지요. 우리 독립군들은 일제와 맞서 싸울 것인지 일단 피해야 할 것인지 고민에 빠졌어요. 많이 커지긴 했지만, 일제의 군대와 맞서기에는 아직 부족했기 때문이었지요. 독립군은 오랜 고민 끝에 청산리 지역에서 일제와 맞서 싸우기로 했어요.

모두가 불리하다고 생각했던 전투는 막상 뚜껑을 열자 반대의 결과가 나왔어요. 김좌진 장군과 홍범도 장군이 이끄는 독립군이 크게 승리한 것이었지요. 일제의 공격에 위기를 맞기도 했지만, 함께 힘을 모아 1919년 10월 21일부터 26일까지 이어진 전투에서 독립군은 일제의 군대를 크게 물리쳤어요.

힘의 차이가 큰 상황이었지만 함께 힘을 모은 결과였지요. 누구도 예상하지 못한 값진 승리였어요. 독립군의 승리는 슬픔에 빠져있던 우리 민중들에게 기쁨과 희망을 북돋아 준 속 시원한 결과였어요.

새로운 나라의 틀 대한민국 임시정부

상해에 모인 한민족의 힘

우리 민족이 한마음으로 일어나 만세를 외쳤던 3·1운동은 용기와 감동 그 자체였어요. 수천 명이 모여 독립을 바라며 만세 시위를 했지만 모두 질서 있고 평화로운 시위였어요.

하지만 평화 시위를 폭력으로 억누르는 일제와 마주하게 되면서 절실함과 희망만으로는 독립을 이뤄낼 수 없다는 것을 깨닫게 되었어요. 힘을 키우고 다른 나라와 외교를 다질 독립된 정부가 필요하다는 걸 깨닫게 된 것이죠. 이런 문제를 깨달은 독립운동가들은 일제의 손길이 미치지 못하던 중국 상해에 대한민국 임시정부를 설립하게 되었어요.

임시정부는 국내와 외국에서 민족운동을 지원했고 대한민국의 임시정부가 있다는 사실을 외국에 알리기 위해 노력했어요. 또 군대를 모집해 독립군을 만들고 훈련시켰지요.

3·1운동의 독립정신을 이어받아 민족을 대표했던 임시정부는 이렇게

대한민국 임시정부 국무원 기념 사진

해야 할 일이 많았고 열심히 노력했지만 어려운 부분이 많았어요. 임시
정부가 활동하는 데 필요한 돈은 너무나 부족했고 다른 나라의 도움을
받기도 어려웠어요.

대한민국을 만든 힘

임시정부는 안창호 선생의 활약으로 독립운동에 필요한 돈을 모으기
시작하면서 본격적인 활동을 시작할 수 있었어요. 밖으로는 우리나라의
독립을 인정받기 위해 해외로 외교단을 파견하고 안으로는 독립신문과
독립운동사를 펴내며 민족의 독립 의지를 북돋웠지요.

하지만 일제의 끈질긴 탄압으로 계획했던 독립운동이 큰 효과를 보지는 못했어요. 이런 상황을 이겨내고자 한인애국단이 조직됐고 이봉창, 윤봉길 의사의 활약으로 잠시 활기를 찾기도 했지만, 독립의 길은 아직 멀게 느껴지기만 했지요.

임시정부는 광복군을 만들어 일제와 싸울 힘을 기르는 한편, 다른 나라에 대한민국의 임시정부가 있다는 사실을 알렸어요. 일본의 침략으로 사라진 나라가 아니라는 것을 분명히 했지요.

나라가 가져야 할 기본적인 국토와 국민이 없었던 임시정부는 한계와 실패에 부딪혀 힘겹게 운영되었어요. 이렇게 힘든 시간을 보냈어도 임시정부는 독립운동을 포기하지 않았어요.

3·1운동부터 이어진 민족정신을 가꾸고 지켜서 지금의 대한민국에 물려줬다는 사실만으로도 임시정부의 의미와 역할은 말할 수 없이 중요한 것이었어요.

조선물산을

팔고 사차
먹고 닙고쓰자

남의 만든 상품을 사지 말자
사면 우리는 점점 못살게 된다

우리는 만체 물품을 만들자
우리의 원료 본것과 술로

우리 것을 쓰자 물산장려운동

우리가 만든 것, 우리가 쓰자

3.1 운동 이후 힘으로 일제와 맞서 싸우는 독립운동도 많았지만, 그것과는 다른 방식으로 펼쳐진 독립운동도 많았어요.

그 가운데 경제 독립부터 하자는 운동도 있었어요. 경제를 외국에 의지하지 않고 우리나라 스스로 일어설 수 있도록 만들자는 것이었죠. 정치, 외교, 군사적인 독립도 중요하지만, 민중들의 경제 자립도 중요하다는 것이었어요. 일제는 우리나라를 강제로 합병한 뒤에 무자비한 폭력으로 공포감을 심어주면서 동시에 우리 민중들을 더 가난하게 만들어 일제에 의지하게 만들고 있었어요.

조만식 선생님 같은 분은 우리도 근대기업을 세우고 경제를 발전시켜야 한다고 생각했어요. 그래서 경제 자립을 이끌 단체를 결성하기로 했지요. 이런 뜻이 모여 만들어진 것이 조선물산장려회였어요. 우리 기업에서 만든 물건을 쓰고 우리 기업을 키우자고 외쳤지만, 조선물산장려회는 얼마 못 가 활동을 잠시 멈춰야만 했어요.

우리나라에 물자를 들여와 큰 이익을 가져가던 일본 상인들이 강하게 반발했고 경제 침략을 통해 계속 우리나라를 식민지로 삼으려는 일제가 방해했기 때문이에요.

물산장려운동이 잠시 주춤한 사이 일제는 우리나라의 땅을 빼앗고 더 많은 일본 상인들에게 물자를 독점하게 했어요. 우리 민중들을 점점 더 가난과 고통 속에 빠져들었지요. 경제를 장악해 다시는 우리나라가 일어설 수 없게 만들려던 속마음을 드러낸 거였어요.

모두가 함께한 경제 운동

일제의 경제 침략이 한층 더 심해지자 민중들의 경제 자립 의지는 오히려 더 불타올랐어요. 게다가 1922년 조선청년회연합회가 물산장려운동에 가세하면서 경제 자립의 의지는 점점 더 커졌지요.

조선청년회연합회는 신문을 통해 표어를 모집하고 국산품을 쓰자는 내용의 강연을 하기도 했어요. 민중들에게 경제 자립의 필요성을 적극적으로 알리자 물산장려운동은 곧 전국으로 퍼져나갔지요.

물산장려운동으로 우리나라 사람들이 하나로 뭉치자 우리 민족을 영원히 통치하고 싶었던 일제가 물산장려운동을 방해하고 나섰어요. 일제는 군사로 맞서 싸우는 독립운동만큼이나 물산장려운동을 경계했어요. 강연회를 열지 못하게 사람들을 체포하기도 했고 단체 설립에 필요한 돈이 움직이지 못하게 방해했어요.

　일제의 집요한 협박과 탄압으로 많은 계획이 취소되면서 물산장려운동은 조금씩 민중들의 관심에서 멀어졌어요. 결국, 경제 자립을 위해 생겨난 조선물산장려회가 일제 경찰의 협박으로 1937년 문을 닫으면서 물산장려운동은 막을 내리고 말았지요.

　하지만 함께 지식을 쌓고 민족기업을 만들어 경제자립을 이루고자 했던 시도는 우리 민중들의 독립 의지를 다시 한번 일깨우는 계기가 되었답니다.

民立大學期成會創立總會
四二五六年(檀紀)三月三十日

배워야 한다 민립대학설립운동

아는 것이 힘

　3·1운동 이후 사람들은 지식을 쌓는 것이 아주 중요하다고 생각했어요. '아는 것이 힘이다.'라는 생각이었죠. 민중들이 많이 알아야 경제가 성장할 수 있고 일제의 부당한 탄압에 맞서 싸울 실력이 생긴다는 것을 깨달았어요.

　하지만 우리나라에는 대학이 없었기 때문에 높은 수준의 교육을 받으려면 유학을 가는 방법뿐이었어요. 더 배우고 싶어도 아주 부자인 사람들 몇몇을 빼고는 배움을 포기할 수밖에 없었지요. 더구나 일제는 우리나라를 강제로 통치하려면 민중들이 공부를 못하는 게 더 좋다고 생각했어요.

　이런 상황에서 능력 있는 지도자를 키우는 것이 어렵다고 생각한 사람들이 모여 대학을 만들자고 뜻을 모았어요. 이런 움직임은 예전에도 있었지만 1920년대처럼 교육과 계몽에 대한 중요성이 알려지지 않아서

널리 퍼지지 않았어요. 하지만 3·1운동 이후 사람들은 교육의 필요성을 절실히 깨닫게 되었어요.

사람들은 힘을 합쳐 민립대학을 만들 계획을 세웠어요. 1922년에 민립대학을 만들기 위한 단체가 만들어졌고 1923년에는 대학이 필요하다는 내용을 담아 '민립대학발기취지서'를 발표했어요. 대학을 만드는 데 필요한 돈을 모으기 위해 만주와 하와이 같은 곳에 단체를 만들어 기부금을 모으기 시작했지요.

민립대학 설립을 위한 모금 운동에 민중들은 돈을 아끼지 않았어요. 매일 아침밥 지을 쌀을 조금씩 덜어 기부하는 사람까지 있었지요. 민중들은 당장 먹을 밥보다 학교가 더 필요하다는 것을 알고 있었어요. 신문들도 민립대학설립운동의 뜨거운 반응을 보고 민중문화를 이끄는 민족의 생명과 문화 운동이라고 칭찬하며 설립 의지를 더 북돋아 줬어요.

반쪽의 성공

3.1 운동을 시작으로 우리 민족이 단합하는 모습을 두려워하던 일제는 이번에도 훼방을 놓기 시작했어요. 민립대학을 자신들 입맛대로 조정하기 위해 일제 대학의 분교로 만들 것을 요구했지요. 이런 일제의 강요가 받아들여지지 않자 조선의과대학을 만드는 것이 먼저라며 민립대학 설립을 취소하라고 설득하기도 했어요.

또 민립대학에는 조선인뿐 아니라 일본 학생도 같이 들어갈 수 있어

야 한다고 억지를 부리며 강요하기도 했어요. 하지만 민립대학 설립을
준비하던 조선교육회는 조금도 뜻을 굽히지 않고 원래 계획대로 대학을
세울 뜻을 확실히 밝혔지요. 그러자 일제는 자신들이 통제할 수 있도록
경성제국대학 설립을 서두르면서 민립대학 설립을 준비하던 주요 인사
들을 감시하고 모금 활동을 방해했지요.

결국, 일제는 자신들 마음대로 조종할 수 있는 경성제국대학을 먼저
세우면서 우리 민중이 원하던 민립대학의 앞을 가로막았어요.

민립대학설립운동은 비록 실패했지만 완전한 실패는 아니었어요. 손
쉬운 통치를 위해 대학교를 짓지 않던 일제가 한발 물러선 것이었지요.
또 일제가 자기들 손으로 경성제국대
학을 만들게 하는 소득을 거둔 의미 있
고 영향력 있는 민중 운동의 발자취랍
니다.

민립대학 기성회 광고

1910년

1920년

③ 민족 말살 통치 시대

일제가 이곳저곳에 전쟁을 일으키면서 우리나라의 자원을 빼앗기 시작했어요.
강제로 우리의 이름을 일본식으로 바꿨고 한글도 못쓰게 했지요.
독립의 시간이 다가오면서 일제의 만행은 점점 더 심해졌어요.

1930년   **1931년 ~ 1945년**

모두 함께 힘을 모으자 신간회

하나로 모인 힘

3·1운동을 시작으로 많은 독립운동과 사회운동이 생겨났어요. 일제와 힘으로 맞서 싸우자고 주장하는 단체도 있었고 실력을 키워 독립하자는 단체도 있었지요. 많은 독립 단체들이 생겼지만 작은 단체들이 제각각 일제와 대립하는 것은 힘든 일이었어요. 흩어진 힘을 하나로 모아다 같이 일제에 대항할 필요가 있었지요.

이런 상황에서 학생 중심으로 일어난 6·10 만세 운동은 흩어져 있던 힘을 하나로 모으는 계기가 되었어요. 서로 다른 생각을 가진 사람들이 신간회라는 이름으로 힘을 모을 수 있게 되었지요.

신간회에 모인 사람들은 자기주장은 잠시 접고 독립을 목표로 힘을 모으기 시작했어요. 이런 노력으로 1년 만에 3만 명이 넘는 회원을 모을 수 있었지요. 하나의 독립운동 단체에 이렇게 많은 사람이 모인 것은 처음 있는 일이었어요.

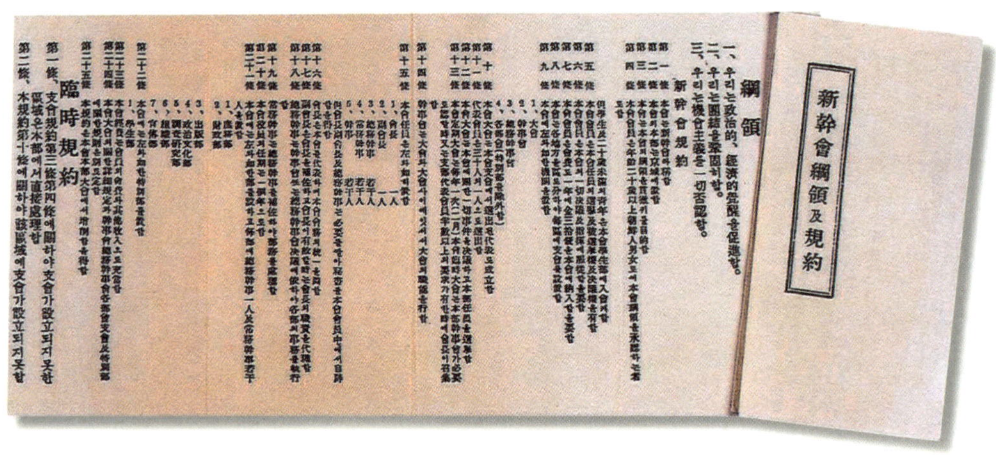

신간회 강령

신간회는 독립운동과 함께 우리 민중을 보호하는 데 앞장섰어요. 토지를 빼앗긴 농민을 도왔고, 우리나라 말을 지키기 위해 힘썼어요. 또 일제에게 집회와 출판의 자유를 요구했어요. 이런 활동으로 신간회는 우리나라에서 가장 큰 단체가 되었지요.

흩어져버린 힘

사람들이 많이 모인 만큼 여러 독립운동을 할 수 있게 되었지만, 반대로 일제는 신간회만 방해하면 독립운동을 막을 수 있다고 생각했어요. 일제는 신간회가 계획하는 집회를 금지하면서 온갖 이유로 신간회 회원들을 잡아들이며 활동을 방해했어요.

신간회가 일제의 방해 속에서도 꿋꿋이 독립운동을 하던 가운데 광주에서 학생운동이 일어났어요. 차별받던 우리나라 학생들의 분노가 터진 사건이었지요. 광주에서 시작한 시위는 곧 전국으로 번져나갔어요.

일제가 시위에 참여한 학생들을 무자비하게 감옥에 잡아 가두자 신간회는 학생들의 석방을 요구하며 일제와 맞섰어요. 그리고 포악한 일제 경찰에 항의하며 민중 항쟁대회를 열기로 계획을 세웠어요.

신간회가 자신들의 일을 방해하자 일제는 다시 폭력적인 방법으로 신간회를 괴롭혔어요. 신간회에서 중요한 위치에 있던 간부들을 이런저런 핑계로 감옥에 보냈던 거였죠.

단체를 이끌어나갈 간부를 잃은 신간회는 서서히 힘을 잃기 시작했어요. 독립운동의 중심이 되려고 노력했지만, 그동안 서로 양보했던 이념과 독립운동의 방법 차이로 다시 갈등이 생겼어요. 결국, 이런 문제를 풀지 못하고 신간회는 1931년 문을 닫게 되고 말아요.

김구 선생님의 무장 투쟁! 한인애국단

무장 독립운동의 꽃

3.1 운동 이후 민중들은 언젠가 반드시 독립을 할 거라는 희망을 품고 있었어요. 그런 희망 덕분에 임시정부를 세웠고 독립운동의 규모를 키워갔지요. 일제의 방해와 강력한 탄압 속에서도 희망을 놓지 않았어요.

하지만 일제의 무단 통치가 길어지고 점점 더 잔인한 방식으로 바뀌자 임시정부는 새로운 독립운동 방법을 찾아야 했어요. 김구 선생님은 오랜 고민 끝에 '특무대'라는 무장 투쟁 독립운동 단체를 만들었지요. '특무대'는 공작 활동을 통해 일본 제국 지도자들을 제거하는 것을 목표로 한 단체였어요. 일제의 지도자를 제거해 무단 통치를 막자는 뜻을 모은 거였죠. 이렇게 만들어진 '특무대'는 사람들에게 '한인애국단'으로 불리게 되었어요.

한 사람이 바꾼 역사

처음 한인애국단이 주목을 받은 건 이봉창 의사의 의거였어요. '조국의 독립과 자유 회복을 위해 한인애국단 소속으로 일제의 우두머리를 제거하겠다'는 맹세를 한 이봉창 의사는 일본 제국의 상징과도 같았던 천황에게 폭탄을 던졌어요. 천황 암살에는 실패했지만, 이봉창 의사의 활동을 시작으로 유상근, 이덕주 같은 한인애국단 소속의 많은 젊은 단원들이 자신의 목숨을 돌보지 않고 항일독립투쟁 활동을 이어갔어요.

한인애국단의 첫 번째 계획이었던 천황 제거가 실패했지만 한인애국단의 무장 독립 투쟁은 일제 지도자들에게는 공포의 대상이 되었어요. 반대로 우리 민중들 마음속에는 용기를 북돋아 주었고 중국 정부의 지원까지 얻는 계기가 되었지요.

'도시락 폭탄'을 던진 윤봉길 의사 역시 한인애국단 소속이었어요. 1932년 4월, 윤봉길 의사는 도시락과 물통으로 위장한 폭탄을 가지고 일본 제국 군대의 지휘관들을 제거했지요. 윤봉길 의사의 의거는 전 세계에 우리나라의 독립 의지를 다시 되새겨 주었어요.

특히 일제의 침략에 맞서고 있던 중국 최고 지도자 장개석은 "중국의 백만 군대가 못한 일을 한국의 한 용사가 해냈다."며 칭찬을 아끼지 않았어요.

한인애국단은 일제에게는 공포심을 심어주면서 일제의 억압과 폭력에 맞서는 사람들에게는 희망을 전해줬어요.

이봉창 의사가 태극기 앞에서 선서하는 모습

　이봉창, 윤봉길 의사를 비롯한 많은 한인애국단의 단원들이 순국했지만 그들의 뜻은 생생히 살아 움직였어요. 3·1운동으로 본격화된 독립 의지와 민족정신을 지켜낸 그분들의 희생은 일제의 무자비한 폭력과 억압에서 우리를 지켜주었어요. 어두웠던 시대에 민족 모두에게 용기를 나눠주며 독립운동을 이어나갈 수 있게 지켜준 큰 힘이 되었답니다.

간절한 바람 8.15 광복

해방의 날

1940년대에 들어서면서 일제는 빠르게 몰락해 갔어요. 자신들이 벌인 태평양 전쟁에서 계속 피해를 보고 있었어요. 일제는 자신들이 불리해지자 잔인하게 우리나라를 괴롭혔어요. 우리 말과 글을 빼앗았고 '창씨개명'이란 구실로 우리의 이름을 빼앗았어요. '창씨개명'은 성을 새로 만들고 이름을 바꾼다는 뜻이에요. 우리나라의 땅과 물자뿐만 아니라 이젠 우리의 이름까지 빼앗으려 한 것이었죠.

일제의 탄압은 점점 더 심해지고 있었지만, 일제의 패망을 예상하고 독립을 준비하는 사람들도 있었어요. 일제가 우리나라에서 물러난 뒤 찾아올 혼란에 대비하려 한 것이죠. 독립 뒤에 나라를 걱정한 사람들은 함께 모여 '조선건국동맹' 같은 단체를 만들었어요.

임시정부도 이런 일제의 상황을 눈치채고 건국을 준비했지요. 3·1운동 이후 한 번도 멈추지 않았던 독립운동이 결실을 볼 때가 다가오고

있었어요.

1945년 8월 15일. 라디오를 통해 일제의 무조건 항복 소식이 전해졌어요. 사람들은 환호했고 태극기를 들고나와 만세를 외쳤지요. 감옥에 잡혀갔던 독립운동가들이 풀려났고 광복의 기쁨에 사람들은 열광했어요. 전국의 민중들이 광복의 기쁨을 함께 누리며 길고 길었던 일제강점기가 끝났다고 외쳤답니다.

우리나라가 독립하기까지 수많은 분들의 고귀한 희생이 있었어요. 억울하게 감옥에 끌려간 분들과 목숨을 잃은 분들까지 셀 수도 없이 많은 희생이 따랐지만 그런 독립운동가 덕분에 우리는 나라를 되찾을 수 있었습니다.